HAUTE-BRETAGNE

PAR

PAUL SEBILLOT

(Extrait de la Revue de Bretagne, de Vendée et d'Anjou)

PARIS

LECHEVALIER ÉDITEUR

37, quai des Grands-Augustins, 37

—

1892

CONTES

DE LA

HAUTE-BRETAGNE

PAR

PAUL SÉBILLOT

(*Extrait de la* Revue de Bretagne, de Vendée et d'Anjou)

VANNES

IMPRIMERIE LAFOLYE

1892

I

LES CHERCHEURS D'AVENTURES

I

POUTTE-POUTTE LE BOSSU

Il y avait une fois un homme qui était riche, mais il était vieux, vieux comme tout. Il entendit parler d'une eau qui rajeunissait, et il envoya l'aîné de ses enfants pour chercher une bouteille de l'eau merveilleuse qui faisait redevenir jeune.

Le garçon prit un sac d'or pour ses frais de route, et il monta sur le plus beau cheval de l'écurie de son père, et il se dirigea du côté de la fontaine. Elle était dans la cour d'un château gardé par des géants ; ils s'endormaient à midi, et, pour pouvoir puiser de l'eau, il fallait sauter sur une mule blanche qui se tenait près de la fontaine et ne pas réveiller les géants, car ils mangeaient tous ceux qui leur tombaient sous la main.

Au bout de huit jours, le jeune homme arriva à l'heure de midi dans la cour des géants : il laissa son cheval à la porte, et il sauta sur la mule blanche ; mais il fit du bruit : les géants se réveillèrent ; ils le forcèrent à descendre de sur la mule et à remonter sur son cheval. Ils voulaient le manger, et il ne savait comment faire pour se sauver. Il leur dit pourtant :

— Ouvrez une des barrières : vous allez voir comme mon cheval trotte bien ; il n'a pas son pareil au monde.

Les géants voulurent voir comment trottait ce cheval.

Dès que les barrières furent ouvertes, le jeune homme l'éperonna et il se sauva. Il arriva à une auberge où il y avait joyeuse compagnie, et il y resta à dépenser ce qui lui restait de son sac d'or.

Son père, voyant qu'il ne revenait pas, s'ennuya d'attendre, et il envoya le second de ses enfants à la recherche de l'eau qui faisait rajeunir ; il lui donna aussi un sac d'or et le meilleur cheval de son écurie. Le jeune garçon se mit en route, mais comme il passait devant l'auberge où était son frère, celui-ci l'appela, et le força à rester avec lui à se divertir.

Le plus jeune des frères, qui était bossu et laid comme un péché mortel se mit en route à son tour sur le plus beau des chevaux qui restaient, et il emporta avec lui son sac d'or. Il passa à la porte de l'auberge où ses frères étaient restés ; ils l'appelèrent, mais il ne voulut pas entrer, et il continua son chemin. Au bout de huit jours, il arriva au château à l'heure de midi. Il mit son cheval dans une écurie et sauta sur le dos de la mule blanche en faisant le moins de bruit possible, de peur de réveiller les géants. Mais ils s'éveillèrent tout de même et ils criaient au jeune homme :

— Petit ver de terre, poussière de mes mains, je vais te manger !

Le jeune homme qui était monté sur la mule leur dit :

— Avant de me manger, ouvrez-moi une des barrières, vous allez voir comme la mule va bien sauter.

Les géants ouvrirent les barrières, et Poutte-Poutte passa doucement à côté de la fontaine ; il tenait à la main une petite bouteille suspendue à une corde ; il la laissa glisser dans l'eau, et, quand elle fut remplie, il éperonna durement la mule qui s'enfuit au galop et fut bientôt hors de la portée des géants.

Poutte-Poutte le Bossu passa par l'auberge où ses frères étaient retenus, parce qu'ils ne pouvaient donner à l'aubergiste l'argent qu'ils lui devaient. Il paya pour eux, et tous les trois partirent pour leur pays.

Les deux aînés, qui étaient jaloux du bossu, lui prirent sa mule et l'eau qui rajeunit, après l'avoir jeté dans un grand précipice, puis ils continuèrent leur route. Ils ne tardèrent pas à arriver à la maison de leur père, mais l'eau ne le rajeunissait point et la mule ne chantait point, et si la mule n'avait pas chanté, leur père aurait toujours été mal portant, même si l'eau avait pu le rendre jeune.

Pendant que le bossu était dans le précipice, il vit venir sur le bord un petit renard : c'était une fée qui s'était ainsi déguisée. Elle lui dit :

— Te voilà, compère le Bossu ; qui est-ce qui t'a jeté où tu es ?
— Ce sont mes frères, répondit le bossu.

— Hé bien! dit le petit renard, je vais allonger ma queue ! tu vas la saisir et je te remonterai.

En allongeant sa queue, le petit renard disait : « Poutte-Poutte, ma queue est-elle bientôt assez longue ? »

— Pas encore, répondit le bossu.

Le renard dit trois fois : « Poutte-Poutte, ma queue », et quand le bossu l'eut saisie, il se mit à grimper tout au long ; mais au moment où il était sur le point d'arriver en haut, il lâcha prise et retomba dans le précipice. Le petit renard allongea de nouveau sa queue et recommanda au bossu de cracher dans ses mains et de tenir bon. Le bossu se remit sur la queue du renard qui l'attira à lui, et quand il fut tiré du précipice, le renard lui passa la queue par dessus la tête, et aussitôt le bossu devint le plus bel homme du monde.

Il se rendit à la maison au moment où son père était sur le point de mourir ; il lui demanda s'il n'avait pas de l'eau qui rajeunit. Le mourant lui répondit que ses enfants avaient été lui en chercher, mais qu'elle ne produisait aucun effet.

— Lequel de vos enfants vous en a apporté?

— Ce sont les deux aînés, et je pense que mon plus jeune enfant est mort.

— Non, répondit-il, il n'est pas mort, car c'est moi qui suis votre dernier enfant.

On envoya chercher l'eau ; le jeune homme en frotta son père et lui en fit boire, puis il alla chercher la mule, qui chanta, et son père fut rajeuni à l'âge de quinze ans. Alors le jeune homme lui raconta son voyage ; son père fit tuer ses deux aînés. Le jeune homme épousa sa cousine et ils vécurent heureux.

> (*Conté en 1880 par Auguste Quémat, de Saint-Cast, âgé de 11 ans.*)

II

JEAN-SANS-PEUR

Il était une fois un roi et une reine qui avaient un petit garçon ; le jour de son baptême ils invitèrent toutes les fées, et chacune lui fit des dons ; l'une disait : Il sera beau, l'autre : Il sera riche, bref chacune lui donna une qualité ; puis elles s'en allèrent.

Il y avait une heure qu'elles étaient parties, quand le roi et la reine virent s'attirer de dessous terre une fée qui avait la mine d'avoir pleuré :

— Vous avez, leur dit-elle, invité au baptême toutes mes commères et pas moi.

— Ah ! ma bonne mère, s'écria le roi, c'est un oubli, je regrette bien de n'y avoir pas pensé.

— Si je voulais, répondit la fée, je pourrais lui retirer tous les dons que les autres lui ont accordés ; mais je ne suis pas méchante, et je vais lui faire moi aussi un don : il sera sans peur.

Depuis ce jour on n'appela plus le fils du roi que Jean-sans-Peur ; en grandissant il méritait son surnom, car il n'avait peur de rien.

Un jour il alla dans la forêt pour chasser avec son chien ; dès qu'il y fut entré, il vit des follets qui dansaient sur l'herbe ; son chien voulut courir après eux ; mais ils l'enlevèrent dans les airs et le mirent en pièces. Jean-sans-Peur s'écria :

— Si vous ne vous en allez pas, je vais vous tirer un coup de fusil.

Il tira ; les follets disparurent tous, et jamais il ne les a revus.

Comme il allait quitter la forêt, il entendit pleurer ; il regarda de tous côtés et chercha partout, mais sans rien voir. A la fin, il aperçut un nid de pie et les jambes d'un enfant qui dépassaient le nid. Il grimpa dans l'arbre et y trouva une petite fille qu'il descendit avec précaution :

— Si elle vit, dit-il, c'est elle que j'épouserai.

Il l'emporta chez son père et la fit élever en disant qu'il voulait la prendre pour femme quand elle serait devenue grande.

**

Elle était jolie comme tout ; à ceux qui aimaient les blondes, elle paraissait blonde, tandis que ceux qui préfèrent les brunes la trouvaient aussi brune qu'elle semblait blonde aux autres ; mais elle rebutait toujours Jean-sans-Peur, et quand il voulait l'embrasser, elle le repoussait avec de dures paroles.

Il en était bien navré, et, pour se distraire, il allait à la chasse ; un jour qu'il chassait dans la forêt où il avait trouvé la petite fille, il vit devant lui un homme tout en blanc : c'était son grand-père. Jean-sans-Peur lui dit :

— Qui t'a envoyé ici ?

— Je n'y suis pas venu seul, répondit le fantôme.

Aussitôt on vit paraître d'autres hommes en blanc.

— Ce sont des morts, dit Jean-sans-Peur sans s'émouvoir.

— Ce sont mes collègues, répondit le fantôme.

— Hé bien ! dit Jean-sans-Peur, s'ils ne s'en vont pas, je vais leur tirer un coup de fusil.

Dès qu'il eut tiré, ils disparurent, et jamais il ne les a revus.

Quand il fut de retour chez lui, la petite fille l'appela ; elle avait alors dix-huit ans :

— Jean-sans-Peur, tu sais où tu m'as trouvée ; dans deux jours d'ici, je vais mourir ; promets-moi de me porter au pied de l'arbre et de m'y enterrer.

— Je te le promets, répondit-il.

Deux jours après, elle mourut, et Jean-sans-Peur dit à son aide-de-camp de lui aider à la porter dans la forêt ; ils lui creusèrent une fosse, et, comme ils allaient la mettre en terre, ils entendirent frapper dans la châsse :

— Ah ! s'écria Jean, elle n'est pas morte.

Il courut à la rivière pour puiser de l'eau dans son casque ; pendant qu'il y était, on entendit un grand fracas, et la châsse se brisa en mille morceaux, quand Jean-sans-Peur revint, il trouva son aide-de-camp baigné dans son sang et blessé à mort.

— Adieu, Jean-sans-Peur, lui dit-il, je meurs pour toi : c'est un mauvais génie que tu voulais épouser, et qui s'est transformé en femme pour te tromper.

Il mourut ; Jean-sans-Peur eut bien du chagrin, mais il ne regretta pas la méchante femme qui avait tué son aide-de-camp. Il se maria avec sa cousine, et, s'ils ne sont pas morts, ils vivent encore.

(Conté en 1880 par Joseph Macé, de Saint-Cast, mousse, âgé de 14 ans.)

III

LA RECHERCHE DE LA PEUR

Jean-sans-Peur partit pour aller chercher la Peur ; il se rendit chez son frère aîné qui était recteur et qui, l'ayant envoyé à la cave, mit dans l'escalier des corps morts ; mais Jean-sans-Peur les rangea de son passage et apporta tranquillement son cidre.

Il continua sa route et arriva à une grande maison qui était soutenue par des piliers ; il y entra et ne vit personne, mais la table était servie. Il tomba par la cheminée un grand corps qui appela dix-neuf petits diables. Ils se mirent à table, et Jean-sans-Peur, qui avait dans sa poche des noisettes et des balles de plomb, se mit à casser les noisettes et à les manger. Un des petits diables lui en demanda une, et il lui donna une balle de plomb ; le petit diable ne put la croquer, et le gros n'y réussit pas davantage.

Ils voulurent le mettre à la porte ; alors Jean-sans-Peur prit sa barre de fer, et frappa si durement sur les petits diables qu'il les fit s'en aller par le trou de la serrure ; mais le gros ne pouvait y passer que la tête. Jean-sans-Peur lui dit :

— Je vais te laisser tranquille et t'ouvrir les portes, si tu veux me signer un écrit où tu diras que ce château est à moi.

Le gros diable signa et Jean-sans-Peur le laissa partir.

Il vit ensuite un homme qui avait une couronne sur la tête, et qui avait la mine très affligée : c'était le roi. Jean-sans-Peur lui dit :

— Cette maison-ci est à moi.

— Je le veux bien, répondit le roi. J'ai bien du chagrin, ma fille est entre les pattes du diable.

— Je la délivrerai bien, répondit-il, j'ai déjà eu affaire autrefois avec ce compère.

De fait, il délivra la fille du roi, et quand il l'amena, le roi lui dit :

— Il faut épouser ma fille, puisque tu l'as tirée des pattes du diable.

— Non, répondit Jean-sans-Peur, je suis parti pour chercher la Peur, et je veux la trouver.

— Dîne avec moi auparavant, dit le roi.

Jean-sans-Peur se mit à table, et, au milieu du repas, le roi lui demanda d'aller chercher un pot qui était dans le foyer. Jean-sans-Peur y alla, et il découvrit le pot. Il était plein de mouches qui lui sautèrent toutes à la fois à la figure. Il fut surpris et il eut peur. Alors il épousa la fille du roi, et ils vécurent heureux ensemble.

(Conté en 1881 par Jean Chaton, de Penguilly.)

IV

LES GARÇONS FORTS

Une veuve avait quatre fils : ils étaient doués d'une si grande force qu'on leur donna des noms en rapport avec leur surprenante vigueur.

L'aîné s'appelait Bras-de-Fer, le second Décotte-Montagne, le troisième se nommait Teurs-Chêne (Tords-Chêne), et le quatrième Meule-de-Moulin.

A la mort de leur mère, ils résolurent d'aller chercher fortune au loin, et ils se mirent en route chacun de leur côté.

Bras-de-Fer essaya d'abord l'état de bûcheron, mais il faisait des fagots gros comme des maisons, et personne ne les lui achetait ; il changea de métier et entra en apprentissage chez son parrain qui était forgeron. Mais quand Bras-de-Fer frappait sur l'enclume, les marteaux se brisaient entre ses mains, et au lieu de marteler le fer, il le mettait en mille pièces. Son patron eut peur d'être ruiné par cet apprenti si fort, et il lui donna son congé : mais, avant de quitter la forge, Bras-de-Fer voulut avoir un bâton en fer pour se défendre contre les hommes et les chiens. Il en forgea un qui pesait mille livres, mais ayant voulu l'essayer, il le brisa sur son genou aussi facilement qu'une baguette de coudrier ; il s'en fit un autre qui pesait deux mille livres, et il le plia en deux ; enfin, il en fabriqua un troisième qui pesait dix mille livres, et dont il se déclara satisfait, parce qu'il résista aux épreuves qu'il lui fit subir.

Il se mit en route, et, après avoir marché quelque temps, il rencontra son frère Décotte-Montagne, qui était tout en sueur à cause des efforts qu'il avait faits pour déranger une colline qu'il trouvait trop rapprochée d'un ruisseau. Bras-de-Fer lui proposa de l'accompagner dans le voyage qu'il commençait. Décotte-Montagne accepta, et ils voyagèrent tous les deux ensemble.

En arrivant à la lisière d'une vaste forêt, ils virent Teurs-Chêne qui avait mis en un paquet les douze plus gros chênes du pays et en avait tordu trois plus petits pour les lier ensemble comme un fagot. Il reconnut ses frères, et les conduisit à sa maison, où il leur offrit de souper et de coucher : avant d'entrer, il déposa son paquet auprès de l'étable aux vaches, mais il était si lourd que les murs s'écroulèrent et les vaches furent écrasées sous les décombres.

Le lendemain ses aînés lui proposèrent de les accompagner, et il se mit en route avec eux.

A quelque temps de là, ils rencontrèrent leur plus jeune frère qui s'amusait à jouer au palet avec des meules de moulin et qui parut bien aise de les voir.

— Que fais-tu là, frère ? demanda Bras-de-Fer ?

— Je joue au palet pour passer le temps, car j'ai épousé une femme riche, et je puis maintenant faire tout ce qui me plaît. Voulez-vous faire une partie avec moi ?

Ils se mirent à jouer tous les quatre, et en poussant le long des routes les meules qui leur servaient de palet, ils arrivèrent près d'un château, dont les habitants furent si effrayés du bruit que faisaient les frères, qu'ils s'enfuirent, et qu'on ne les revit plus.

Les quatre voyageurs entrèrent dans le château qui était grand et vaste et où ils trouvèrent des provisions en abondance, et après avoir bien soupé, ils se couchèrent dans de belles chambres.

*
* *

Le lendemain, trois des frères partirent pour la chasse, et laissèrent Bras-de-Fer à la maison pour surveiller la cuisson du dîner et les avertir en sonnant la cloche du moment où ils devraient rentrer pour manger.

Bras-de-Fer mit sur le feu la marmite à soupe et des casseroles où cuisaient des viandes : à neuf heures, il vit arriver un tout petit homme qui avait une longue barbe rouge, et qui répétait en grelotant :

— Houhouhou ! qu'il fait grand froid !

— Chauffe-toi, petit bonhomme, il y a dans la cheminée un feu bien allumé.

Le nain s'assit dans le foyer en disant :

— Comme il fait bon ici.

Bras-de-Fer se mit à tailler le pain pour la soupe, et au moment où il s'approchait de la marmite pour prendre le bouillon, le nain souleva le couvercle et jeta une poignée de cendres dans le pot au feu.

— Je vais te faire passer par la fenêtre, petit insolent ! dit Bras-de-Fer.

— Si tu peux, riposta le petit homme.

Comme Bras-de-Fer s'approchait pour exécuter sa menace, le nain le saisit et le fit entrer de force entre deux armoires scellées au mur, puis il s'en alla en ricanant. Bras-de-Fer fit les plus grands efforts pour se dégager, mais il ne put y parvenir.

Les chasseurs furent surpris de voir le soleil marquer midi sans que la cloche se fît entendre ; ils crurent que leur frère avait oublié de la sonner, et ils revinrent au château avec l'intention de lui reprocher sa négligence. Le pain était sur la table, et les casseroles sur le feu, mais ils n'aperçurent pas d'abord Bras-de-Fer, et ce

fut avec bien de la peine qu'ils parvinrent à le dégager de l'endroit
où le nain l'avait mis. Il leur raconta ce qui lui était arrivé, et ils
passèrent tous les quatre ensemble le reste de la journée.

Le lendemain, trois des frères partirent pour la chasse, et ce
fut au tour de Décotte-Montagne de garder la maison. Il vit venir
le petit homme à barbe rouge qui, après s'être réchauffé, profita
d'un moment où Décotte-Montagne avait le dos tourné, et mit de
la cendre dans la marmite.

— Je vais te corriger, petit gamin !

— Toi ! tu n'en es pas plus capable que ton frère !

Et le nain le fit entrer de force dans un enfoncement entre le
mur et la porte, qui était de chêne massif et assujétie avec de
grosses barres de fer.

Quand les chasseurs furent de retour, ils crurent d'abord que
Décotte-Montagne avait disparu, car l'endroit où il se trouvait était
très obscur : un des chiens l'aperçut et alla en aboyant lui lécher
les mains. Les frères réunirent leurs efforts et le tirèrent de la posi-
tion incommode où il était.

Teurs-Chêne, qui était de garde le lendemain, dit à ses frères
quand il les vit partir :

— Si je mets mes cinq doigts sur le petit bonhomme, il les sen-
tira, ou je ne veux plus m'appeler Teurs-Chêne.

Mais le nain, après avoir agi comme les jours précédents, saisit
Teurs-Chêne et le fit entrer de force sous une lourde huche que les
trois frères eurent bien du mal à soulever quand ils furent de
retour.

Le lendemain, même aventure : le petit bonhomme mit Meule-de-
Moulin sous un lit où il resta sans pouvoir remuer.

Cette fois, le nain à barbe rouge ne s'en alla pas, et quand les
frères revinrent de la chasse, il les menaça de les battre tous ensemble et de les mettre dehors, et il exécuta sa menace.

Alors les quatre frères, voyant que le nain était à lui seul plus
fort qu'eux tous, firent la paix avec lui ; il se maria avec leur sœur,
et ils restèrent bons amis.

(Conté par Jean Bouchery, de Dourdain, 1878.)

V

QUARANTE-ANS

Il y avait une fois un garçon que sa mère nourrit de son lait pendant quarante années; au bout de ce temps il lui dit :

— Je voudrais aller rejoindre mon père.

— Non, lui répondit-elle, tu es trop petit.

Elle finit tout de même par lui permettre d'aller trouver son père, qui était si fort que sans chevaux ni rien il amenait à chaque fois trois charges de bois sur ses épaules. Quarante-Ans demanda à son père la permission d'aller se promener, puis il le quitta pour faire son tour de France.

Il arriva près d'un moulin où il vit un meunier qui jouait au palet avec les meules de son moulin.

— Que fais-tu là, petit ver de terre, poussière de mes mains ?

— Je joue avec les meules de mon moulin. Es-tu capable d'en faire autant ?

Quarante Ans prit les meules et les jeta sur le moulin qu'il abattit du coup, puis il dit au meunier :

— Viens avec moi faire ton tour de France.

Un peu plus loin, il rencontra un homme qui charruait tout seul.

— Que fais-tu là, petit ver de terre, poussière de mes mains ?

— Je laboure sans chevaux avec ma charrue. Es-tu capable d'en faire autant ?

Quarante-Ans prit la charrue avec une main et la jeta dans le fossé, puis il dit au charrueur :

— Viens avec moi faire ton tour de France.

Ils arrivèrent à un château où il n'y avait personne, et comme le pays paraissait bon pour la chasse, ils résolurent d'y rester. Quarante-Ans et le charrueur partirent pour la chasse; ils dirent au meunier de rester à faire la cuisine, et de les avertir en sonnant la cloche quand il serait temps de dîner.

Vers dix heures, le meunier vit descendre par la cheminée un petit Guersillon[1] qui lui dit :

— Houhou ! qu'il fait froid !

— Chauffe-toi.

— Faut-il tourner la broche ?

— Oui, mais ne la jette pas dans le feu.

Le petit Guersillon jeta la broche dans la cendre, et comme le meunier s'approchait pour le battre, il le prit par le fond de ses culottes et le mit derrière la porte à la place où est le balai. Il était si battu, si moulu, qu'il ne pouvait guère bouger ; quand il entendit les autres revenir, il mit les seaux près de lui, et comme ils lui demandaient pourquoi il n'avait pas sonné, il leur dit qu'il s'était démis la jambe en apportant un tour d'eau.

Le lendemain, le charrueur resta à la cuisine pendant que les autres étaient à la chasse. Vers dix heures, il vit descendre par la cheminée un petit Guersillon qui lui dit :

— Houhouhou ! qu'il fait froid !

— Chauffe-toi.

— Faut-il tourner la broche ?

— Oui, mais ne la jette pas dans le feu.

Le petit Guersillon jeta la broche dans les cendres, et comme le charrueur s'approchait pour le punir, il le prit par le fond de ses culottes, et l'ayant secoué rudement, il le mit derrière la porte à servir de balai.

Quand les deux autres revinrent de la chasse, ils le trouvèrent à moitié mort.

Le troisième jour, Quarante-Ans resta à la maison. Vers dix heures il vit descendre par la cheminée le petit Guersillon qui lui dit :

— Houhouhou ! qu'il fait froid !

— Chauffe-toi.

— Faut-il tourner la broche ?

— Oui, mais ne la jette pas dans le feu.

Au moment où le petit Guersillon venait de jeter la broche dans

---

[1] Grillon, c'est probablement un nain.

le feu, Quarante-Ans l'empoigna, et il allait le tuer, lorsqu'il arriva une petite bonne femme qui lui cria :

— Ne le tuez pas, et je vais vous enseigner une belle chose : il y a sous terre trois princesses prisonnières : la première est derrière une porte de fer, et gardée par un géant, la deuxième est derrière deux portes de fer et gardée par deux géants, et la troisième est derrière trois portes de fer et gardée par trois géants, et c'est par ce puits qu'on arrive où elles sont.

**

Ce fut le meunier qui fut attaché le premier à la corde et descendu dans le puits ; on lui donna une clochette pour sonner quand il aurait envie de remonter. Ses compagnons déroulèrent la corde pendant deux jours et deux nuits ; au bout de ce temps le meunier sonna la clochette, et ils le remontèrent.

Le charrueur descendit à son tour ; ses compagnons déroulèrent la corde pendant trois jours et trois nuits ; au bout de ce temps il sonna la clochette et on le remonta.

Quarante-Ans descendit alors ; ses compagnons déroulèrent la corde pendant sept jours et sept nuits, et il finit par toucher le fond.

Il rencontra la petite bonne femme, il lui dit que si elle ne lui apportait pas un seau d'eau-de-vie il allait la tuer. Il but le seau, et après avoir enfoncé la porte de fer et tué le géant, il vit la première des princesses. Il la mit dans le panier et sonna la clochette pour que ses compagnons la remontent. Quand ils la virent, ils se battirent pour savoir qui l'aurait, et ce fut le meunier qui gagna.

Quarante-Ans enfonça à la fois les deux portes de fer, puis il tua les deux géants d'un coup de poing ; il trouva une princesse bien plus belle que la première, et il sonna la clochette pour que ses compagnons la remontent dans le panier. Quand ils virent qu'elle était si belle, ils se battirent encore à qui l'aurait, et ce fut le meunier qui gagna ; le charrueur pour se consoler eut la première princesse.

Quarante-Ans enfonça les trois portes de fer, et derrière il trouva les géants ; deux avaient des bras de fer et des dents d'acier, le troisième avait des jambes de fonte et des dents de fer. Quarante-

Ans abattit les premiers d'un coup de poing, mais en frappant sur le troisième, il se cassa un bras. Il revint trouver la petite bonne femme, et lui dit que si elle ne le guérissait pas il allait la tuer. Quand il fut guéri, il retourna au géant et cette fois il l'abattit d'un coup de poing. Il trouva derrière lui la troisième princesse qui était encore plus belle que les deux autres, et qui lui dit :

— C'est toi qui m'as délivrée, mon cœur sera à toi.

Il sonna la clochette pour avertir ses compagnons de la remonter dans le panier. Quand ils eurent vu la princesse, ils se battirent encore à qui l'aurait, et le meunier fut vainqueur. Alors ils remirent sur le puits la pierre qui le couvrait, et ils laissèrent Quarante-Ans dans le souterrain.

Quand il vit que ses compagnons l'avaient abandonné, il courut après la petite bonne femme et lui dit que si elle ne lui enseignait pas le moyen de remonter il allait la tuer.

— J'ai, dit-elle, une oie : tu vas monter sur son dos, et je vais te donner de la viande ; chaque fois qu'elle ouvrira le bec en criant : couac! il faudra que tu lui en jettes un morceau dans le bec, sinon elle ne pourrait plus te porter.

Quarante-Ans monta sur le dos de l'oie, et à chaque fois qu'elle disait : couac ! il lui présentait un morceau de viande. Au moment d'arriver en haut il n'avait plus de viande et l'oiseau criait ; alors il se coupa un morceau de la fesse, elle le mangea. Elle donna encore un coup d'aile, la pierre se souleva, et Quarante-Ans sortit du puits.

Il se mit à la recherche des princesses, et tout en courant il cornait. La plus belle des trois dit à ceux qui l'emmenaient :

— J'entends le corne' de mon mari, je veux aller avec lui.

— Non, répondirent-ils, ce n'est pas le sien, c'est celui de quelque chasseur.

— Laissez-moi, c'est le corne de mon mari.

Ils finirent par la lâcher, et elle retrouva Quarante-Ans, avec lequel elle se maria.

(*Conté en 1881 au château de la Saudraie, par Ange-Marie Four-chon, de Saint-Glen, âgé de 13 ans*).

' La trompette.

VI

LE PRESSOIR ET LA BÊTE

Il était une fois une bonne femme qui avait une fille si gentille et si avenante que le dimanche la maison était remplie d'amoureux.

Un des galants, qui probablement ne déplaisait pas à la jeune personne, vint la demander en mariage à sa mère.

— Je le veux bien, répondit-elle, car tu es un bon garçon et un travailleur, et je crois que ma fille ne te voit pas d'un mauvais œil ; mais il faut que tu te soumettes auparavant à une épreuve. Toutes les nuits une bête qui dévore les gens vient dans notre grange : si tu peux lui échapper, je te donnerai ma fille.

— J'essaierai, dit le garçon.

La nuit venue, la bonne femme l'enferma dans la grange après lui avoir laissé plusieurs chandelles de résine, afin qu'il pût voir ce qui se passerait.

A minuit, il vit sortir de dessous le pressoir une bête d'une grandeur épouvantable et horrible à regarder, qui s'avança vers lui : comme il était courageux, il ne recula pas.

— Tu es brave, dit la bête : veux-tu jouer avec moi à *Perçoirine perçoirette* ?

— Quel jeu est-ce ?

— Il consiste à se coucher sur le tablier du pressoir, et à se laisser serrer par les vis qui servent à presser les mottes de cidre. Quand tu auras subi cette épreuve, je me mettrai à mon tour dans la même posture.

— Bien, dit le garçon, mais tu cesseras de serrer quand je crierai : assez !

Il se coucha sur le tablier du pressoir et la bête se mit à faire tourner les vis : dès que le garçon sentit qu'elles le touchaient, il cria d'arrêter, et la bête desserra aussitôt.

— A ton tour maintenant.

La bête se coucha à son tour, et le garçon se mit à faire à manœuvrer les vis ; mais la bête eut beau crier, il ne cessa de la serrer que quand elle fut morte et écrasée.

Le lendemain, la bonne femme vint voir ce qui s'était passé, et elle fut bien surprise de la grosseur de la bête qui, bien que morte, faisait encore peur.

Le jeune garçon épousa peu après la fille ; il y eut de belles noces, et moi qui y étais, on me mit à m'en aller le soir, et c'est tout ce que j'en eus.

(Conté par Aimé Pierre, de Liffré, 1876)

VII

LE PETIT FORGERON

Il y avait une fois un petit garçon qui travaillait comme apprenti dans une forge. Un jour, il dit à son patron :

— Ma foi, bourgeois, vous n'avez pas maintenant grand ouvrage, j'ai envie de vous quitter pour voyager.

— Eh bien, lui répondit le maître de la forge, puisque tu as envie de courir le monde, je vais te donner un sabre et une casquette.

Voilà le petit forgeron parti : il alla loin, bien loin, sans boire ni manger, et il avait grand'faim quand il aperçut une maison. Il hâta le pas pour y arriver, et quand il fut à la porte, il demanda si on n'avait pas besoin d'un domestique :

— Oui, répondirent les gens de la maison, il nous en faudrait un, mais la place n'est guère bonne. Nous avons eu plusieurs domestiques, et tous ont été tués pendant qu'ils étaient aux champs, sans que l'on sache comment cela est arrivé.

— Je n'ai pas peur, dit le petit forgeron ; mais avant de commencer mon service, je voudrais bien manger, car, depuis trois jours, je voyage sans avoir trouvé un morceau de pain.

On lui servit de quoi le rassasier, et quand il eut mangé à sa faim, on lui montra où était la pâture. Il remarqua que toutes les barrières qui lui servaient de clôture avaient été coupées, et il se mit à les raccommoder : comme il finissait sa besogne, arriva un géant monté sur un grand cheval qui lui dit d'une voix terrible :

— Qu'est-ce que tu fais là, toi, moutard ?

— Cela ne vous regarde pas, géant, je fais ce que je dois faire.

— Eh bien ! pour ce que tu es à faire, je vais te tuer.

— Nous allons voir cela, répondit le petit forgeron sans s'émouvoir.

Il prit son sabre, se mit en garde, et coupa la tête au géant et à son cheval, puis il les poussa du pied en disant :

— Tenez, vous avez encore les pattes pour danser.

Quand il fut de retour à la maison, on lui demanda s'il n'avait rien vu.

— Si, répondit-il, j'ai vu quelqu'un, mais je lui ai fait voir le tour, et il n'ennuiera plus personne désormais.

Le lendemain quand il retourna à la pâture, il trouva comme la veille les barrières coupées ; il se mit à les raccommoder, et au moment où il finissait de les réparer, il vit venir un autre géant qui lui cria :

— Qu'est-ce que tu fais là, toi, petit ver de terre ?

— Cela ne vous regarde pas, grand homme, je fais ce que je dois faire.

— Je vais te tuer pour ce que tu es à faire.

— Nous allons bien voir, dit le petit forgeron, qui tira son sabre et trancha la tête au géant.

Il revint à la ferme, et chacun lui dit :

— N'as-tu rien vu aujourd'hui ?

— Si, répondit-il, j'ai vu quelqu'un, mais j'ai traité la personne d'aujourd'hui comme celle d'hier, et désormais elle ne me gênera plus.

En retournant à la pâture le jour suivant, il trouva pour la troisième fois les barrières coupées ; il les raccommoda encore, et au moment où il terminait, il vit venir un géant qui lui dit :

— Qu'est-ce que tu fais là, petit ver de terre, poussière de mes mains, ombre de mes moustaches ?

— Cela ne vous regarde pas, géant, je fais ce que je dois faire.

— Hé bien ! c'est pour cela que je vais te tuer.

— C'est ce que nous allons voir, répondit le petit forgeron qui d'un coup de sabre fit sauter la tête du géa.

Il prit ensuite par la route d'où les géants étaient venus, et il arriva à leur château où il entra, et il vit leur mère qui pleurait à chaudes larmes :

— Ma bonne femme, lui dit-il, qu'est-ce que vous avez donc qui vous fait tant de chagrin ?

— J'avais trois fils, répondit-elle, et je ne sais pas ce qu'ils sont devenus.

— Moi, je sais bien où ils sont, et je vous les montrerai, si vous voulez me donner toutes les clés de votre château.

La bonne femme lui remit les clés, et il lui dit :

— Tenez, montez sur la fenêtre et regardez.

Quand la petite bonne femme, qui n'était pas plus haute qu'une cruche, fut grimpée sur la fenêtre, le petit forgeron la prit par les jambes, et la jeta dans la cour où elle se tua ; et il resta maître du château et de ses trésors.

(Conté en 1880 par Virginie Hervé, d'Evran.)

VIII

LA FAUCILLE, LE CHAT ET LE COQ

Il y avait une fois trois garçons qui perdirent leur père et leur mère. Leurs parents n'avaient point été économes, de sorte qu'à leur mort ils ne laissèrent pour tout héritage qu'une faucille, un coq et un chat.

L'aîné dit à ses frères :

— Comment faire ? Nous allons partager et chacun de nous aura un objet, puisqu'il y en a trois. Lequel choisis-tu, demanda-t-il au plus jeune ?

— Je veux la faucille, répondit-il.

— Et toi ? dit-il au second.

— Moi, je prendrai le coq.

— En ce cas, dit l'aîné, c'est moi qui aurai le chat.

Ils se mirent en route tous les trois pour chercher à gagner leur pain, et ils emportèrent avec eux leur héritage. Ils arrivèrent dans un pays où l'on faisait la moisson ; mais au lieu de scier le blé, les gens se servaient d'une alène pour couper chaque brin, et il y avait une multitude de monde qui y étaient occupés, et encore ils n'avançaient guère à la besogne. Celui qui avait la faucille s'approcha des moissonneurs et leur dit :

— Ah ! mes pauvres gens, est-ce ainsi que vous ramassez le blé ici ?

— Oui, répondirent-ils, c'est l'usage du pays.

— Voilà, dit-il en montrant sa faucille, une petite bête qui va bien plus vite en besogne.

Il prit sa faucille, et en quelques minutes il eut coupé un sillon tout entier. Il remit sa faucille sur son épaule en disant :

— Quand on a fini un sillon, on met la petite bête sur son épaule, et on recommence à l'autre.

— Voulez-vous, demandèrent ceux à qui était la maison, nous vendre votre petite bête ?

— Non, répondit-il.

— Si, vendez-nous-la. Combien voulez-vous ?

— Six cents francs.

— C'est trop cher.

— Au revoir, dit le garçon, qui remit sa faucille sur l'épaule et s'en alla. Mais bientôt il entendit crier :

— Hé ! jeune homme, voulez-vous vendre votre bête cinq cent cinquante francs ?

— Oui, répondit-il.

Ils lui comptèrent l'argent, et il dit à ses frères :

— Maintenant nous allons avoir de quoi manger du pain.

*
* *

Les trois frères continuèrent leur route et arrivèrent à une maison où ils demandèrent à loger.

— Nous voudrions bien, répondirent les gens ; mais on ne peut dormir chez nous : dès que la nuit est venue, il vient des petites bêtes qui rongent tout et viennent même mordre ceux qui sont couchés.

— Nous n'avons pas peur, répondit celui qui avait le chat, donnez-nous une chambre.

Ils menèrent les frères dans une chambre, et bientôt il y vint tant de rats et de souris qu'on ne voyait plus le plancher ; mais le chat se précipita sur eux et en étrangla plus de mille. Les frères dormirent tranquilles et le lendemain quand les gens de la maison vinrent, ils leur dirent :

— Voyez si ma petite bête a produit de l'effet.

— Ah ! oui, dit le maître ; il m'en faudrait bien un comme cela ; voulez-vous nous la vendre ?

— Non, j'aime mieux la garder.

— Si, vendez-nous-la ; quel est votre prix ?

— Sept cents francs.

— Non, c'est trop cher. Donnez-nous-la pour six cents.

— Non.

— Tenez, voilà sept cents francs, laissez-nous la bête.

Celui qui avait le chat était bien content, et il disait à ses frères :

— Nous comptions être obligés de chercher notre pain ; regardez comme notre petit héritage nous rapporte.

.*.

Ils allèrent plus loin, et au soir ils entrèrent dans une maison où ils demandèrent à coucher.

— Nous voulons bien, leur répondit-on ; mais cette nuit il faudra vous lever avec les autres pour aller chercher le jour dans un sac.

— Ah ! dit celui qui avait le coq, j'ai là une petite bête qui fait venir le jour ; quand il a chanté trois fois, le jour arrive ; vous n'aurez pas besoin de vous déranger pour aller le chercher dans un sac.

Les trois frères se couchèrent, et leur coq était à côté d'eux. Il chanta une fois, puis deux, et à la troisième fois le jour vint sans qu'on eût été le chercher.

— Ah ! disait les gens de la maison, voilà une petite bête bien commode ; vendez-nous la bête qui apporte le jour, nous n'aurons plus besoin de sortir pour le prendre dans nos sacs. Combien en voulez-vous ?

— Huit cents francs.

— Donnez-nous-la pour sept cent cinquante.

— Tenez, la voilà.

Ils donnèrent le coq, et s'en retournèrent bien contents. Puis ils se dirent :

— Nous sommes frères et nous allons partager par parts égales.

Ils se marièrent tous les trois avec de belles femmes, et ils furent heureux toute leur vie, et s'ils ne sont pas morts ils vivent encore.

(Conté en 1880 par Suzon Ledy, d'Ercé, âgée de 70 ans.)

IX

BELLE-ÉTOILE

Il y avait une fois une femme qui avait trois enfants, deux petits garçons et une fille qui s'appelait Belle-Étoile.

Il y avait aussi une vieille bonne femme qui demeurait dans une petite maison à côté, et elle voulait les envoyer tous les trois voir les trois merveilles : l'Eau qui danse, la Pomme qui chante et l'Oiseau de vérité.

Un jour un des fils dit à sa mère :

— Maman, je voudrais bien aller voir les trois Merveilles.

Il se mit en route, emportant une cage pour apporter l'oiseau. Mais, quand il fut à l'endroit où était l'oiseau, il s'endormit, et pendant son sommeil, un petit oiseau vint lui passer une plume sous le nez, et aussitôt il fut changé en dindon.

Sa mère ne le voyant pas revenir envoya son autre fils à sa recherche, et la vieille femme qui demeurait à côté était bien con-

¹ Voir la livraison de septembre 1892.

tente, car elle pensait tous les renvoyer chercher les Merveilles pour avoir leur fortune. Le second fils s'endormit comme son frère, et fut transformé en dindon.

Belle-Étoile, ne voyant pas revenir ses frères, partit à leur recherche ; elle fit mine de s'endormir, et, comme l'oiseau arrivait, la croyant endormie, pour lui faire comme à ses frères, elle le saisit par la patte et le fourra dans sa cage, puis elle lui dit :

— Rends-moi tout de suite mes frères, ou je ne te donnerai pas la liberté.

— Laisse-moi sortir auparavant, dit l'oiseau.

— Non, répondit Belle-Étoile.

— Prends une des plumes de ma queue et va les ressusciter.

Elle toucha ses frères et les autres dindons qui reprirent leur première forme, et redevinrent hommes, et il y en avait qui étaient rois et princes.

Elle dit alors à l'oiseau :

— Donne-moi les trois Merveilles.

L'oiseau lui indiqua où elles étaient, et ils partirent, emportant l'oiseau.

Ils firent un grand repas où la vieille fut invitée. On avait mis l'oiseau au milieu de la table dans une jolie cage. Mais il savait bien ce que la vieille bonne femme avait dit, et il le répéta devant tout le monde, ce qui mit la vieille femme fort en colère, et elle eut tant de honte qu'elle s'en alla.

(Conté en 1880 par Mme Araadi, de Dinan.)

X

LES DEUX FRÈRES

Il y avait une fois une femme qui avait deux jumeaux. Comme elle n'était pas riche, elle allait dans la forêt chercher du bois pour se chauffer, et elle emportait ses enfants avec elle. Un jour qu'elle venait de ramasser sa fouée, elle vit accourir un ours : elle eut

grand'peur, elle prit un de ses enfants sous chaque bras ; mais en
courant elle laissa tomber un de ses enfants et n'eut pas le cou-
rage de s'arrêter pour le chercher. Le lendemain elle retourna à la
forêt, et ne vit point de trace de sang à l'endroit où son fils était
tombé.

L'ours emporta l'enfant dans sa tanière, et l'éleva comme un de
ses petits : il était poilu comme un ourson et marchait aussi à
quatre pattes, et était fort comme une bête.

*
* *

L'enfant qui était resté chez sa mère grandit, et, quand il eut
vingt ans, il dit à sa mère :

— Je vais partir pour aller chercher mon frère, m'est avis qu'il
n'est pas mort.

Il prit un cheval et un sabre, et alla dans la forêt où se trouvait,
disait-on, une bête si forte que plusieurs soldats envoyés pour la
tuer n'avaient pu ni la prendre ni lui faire mal.

Il rencontra la bête et il se battit pendant deux heures avec elle,
mais ils ne se firent point de mal. Comme ils étaient lassés, ils
cessèrent de lutter, et ils s'assirent l'un à côté de l'autre. Le jeune
garçon se mit à manger du pain, la bête en ramassa aussi un morceau et le mangea avec plaisir. Ensuite elle s'allongea sur le dos,
comme pour montrer à l'homme qu'elle ferait tout ce qu'il voudrait.

Il se mit en route avec elle, et arriva dans un endroit où était un
géant qui lui dit :

— Il faut que tu te battes avec moi.

La bête fit signe au jeune garçon qu'elle voulait aller à sa place,
elle prit ses habits et arriva au château du géant, qui prit une
barre de fer et l'enfonça en terre si profondément qu'on n'en
voyait plus qu'un petit bout ; puis il dit :

— Il n'est pas nécessaire de se battre ; si tu peux enlever
cette barre de fer, tu seras vainqueur.

La bête saisit la barre de fer avec ses griffes et l'arracha
facilement.

— Ah ! dit le géant, tu es le plus fort.

La bête assomma le géant et vint rejoindre son maître. Comme il avait besoin de se raser, il alla chez un perruquier avec sa bête, et elle lui fit signe qu'elle voulait aussi être rasée.

Le perruquier se mit à la raser, et à mesure que le poil tombait, on voyait paraître une figure d'homme, et quand ce fut fini, le jeune garçon reconnut son frère qui lui ressemblait comme se ressemblent deux gouttes de lait. Il l'embrassa, et la bête lui dit :

— J'avais bien vu que tu étais mon frère ; sans cela je t'aurais écharpé comme les soldats qu'on avait envoyés pour me tuer. Maintenant, nous allons voir notre mère.

Ils arrivèrent chez eux, et la mère fut malade huit jours de la joie qu'elle eut de revoir son fils qu'elle avait cru perdu.

(Conté en 1880 par Auguste Macé, de Saint-Cast.)

XI

PETIT PIERRE, OU L'ENFANT DE SEPT ANS

Il y avait une fois une bonne femme qui n'avait qu'un fils ; mais elle était si pauvre qu'elle avait encore peine à lui donner du pain. Un jour elle lui dit :

— Mon petit Pierre, si tu veux m'en croire, nous allons prendre un bissac et aller chercher notre pain de porte en porte.

— Non, répondit-il, j'aime mieux voyager, peut-être que sur notre route nous pourrons trouver de l'ouvrage.

Les voilà donc partis, et quand ils furent bien loin, bien loin, ils aperçurent une forêt et ils y entrèrent. Il était tard, et ils n'avaient pas mangé de la journée ; mais ils étaient si lassés qu'ils ne pouvaient plus mettre un pied l'un devant l'autre. Le petit Pierre dit à sa mère :

— Nous allons coucher ici, et demain matin nous partirons pour aller encore plus loin.

Quand il se réveilla, il s'aperçut qu'il était couché au pied d'un pommier : il grimpa dedans et cueillit toutes les pommes, puis il descendit. Mais en regardant de nouveau en l'air, il vit qu'il avait laissé une pomme tout en haut du pommier, et il remonta la prendre.

Le petit Pierre et sa mère se remirent en route, et à la fin de la journée toutes les pommes étaient mangées, excepté la dernière que le petit gars avait cueillie et qu'il avait ramassée dans sa poche. Il la partagea en deux pour donner la moitié à sa mère, mais au milieu de la pomme il trouva une boule d'or. Sa mère la lui attacha au cou comme une médaille, et tous les deux continuèrent à marcher.

Quand ils furent bien loin, ils aperçurent un beau château devant lequel étaient des géants qui s'amusaient à jouer aux quilles avec une boule qui pesait cinq mille. Depuis que le petit Pierre avait au cou sa boule d'or, il était bien plus fort qu'un géant, et rien qu'à toucher un arbre, il le jetait par terre. Il s'approcha des géants, leur prit leur boule et les tua tous.

Le voilà maître du château, et il y entra avec sa mère, et se mit à le visiter. Il trouva un fusil et des munitions qu'il prit, et il partit à la chasse, et il revint manger le dîner que sa mère lui avait préparé. Après son repas, il retourna encore à la chasse, et en rentrant le soir, il vit avec sa mère un géant ; mais, comme il n'était point méchant, il resta à vivre avec eux.

Un jour, il dit au petit Pierre :

— Avec les richesses que tu as maintenant, si tu voulais tu épouserais bien la fille du roi.

— Non, répondit Pierre, je ne veux point la fille d'un roi.

— Eh bien ! dit le géant, viens avec moi.

Il le mena dans une maison couverte en paille où il y avait dans le foyer un vieux bonhomme et une jeune fille âgée de vingt ans, qui était si belle, si belle, que le fils du roi l'avait demandée en mariage ; mais elle n'avait pas voulu de lui.

Pierre la demanda à son père qui voulut bien l'accepter pour gendre, et la fille aussi fut bien aise de se marier avec lui.

Deux ans après, la mère du petit Pierre mourut, et le géant ne lui survécut guère. Mais petit Pierre demeura avec sa femme et vécut heureux.

(Evran, 1880.)

XII

LE CHEVAL BLANC

Il y avait une fois un jeune garçon que sa mère voulait mettre hors de chez elle sans s'inquiéter de ce qu'il deviendrait.

Comme il s'en allait bien triste, il rencontra son petit cheval blanc, qui lui dit :

— Tu as l'air bien chagrin, mon ami.

— Hélas ! oui, ma mère ne veut plus de moi à la maison, et je ne sais ce que je vais devenir.

— Tu vas aller chez le roi, et lui demander s'il ne lui manque pas un domestique : quand tu auras besoin de moi, tu m'appelleras et je viendrai à ton secours.

Le petit gars alla trouver le roi et lui dit :

— Bonjour, sire, n'auriez-vous pas besoin d'un gardeur de vaches?

— Si, répondit le roi, le nôtre est parti, et je te prends à sa place, mais à la condition que tu feras tout ce que je te dirai.

Quelques jours après que le gardeur de vaches fut entré en service, le roi lui dit :

— Il faut que tu ailles me chercher la plus belle fille du monde : si tu me l'amènes, tu seras récompensé ; mais si tu ne réussis pas, je te brûlerai dans trente-six fagots.

Le jeune garçon appela son petit cheval blanc, qui accourut aussitôt et lui dit :

— Qu'as-tu à pleurer, mon ami ?

— C'est, répondit-il, que le roi m'a ordonné d'aller lui chercher la plus belle fille du monde, en jurant que si je ne pouvais la lui amener, il me ferait brûler dans trente-six fagots.

— Tiens, voici une petite carte ; tu verras arriver trois vapeurs, tu la montreras à leur capitaine, et tu ne seras pas encore brûlé cette fois-ci.

Le jeune garçon alla se promener sur le bord de la mer, il vit trois vapeurs, et dès qu'il eut montré sa carte ils arrivèrent et le capitaine lui demanda ce qu'il voulait :

— Je veux, dit-il, la plus belle fille du monde.

Les vapeurs s'éloignèrent, et quand ils revinrent ils amenaient la plus belle fille du monde. Mais elle était si en colère qu'elle jeta ses clés en or dans la mer, et en passant près la forêt elle lança sa bague d'or au plus épais des buissons. Il amena au roi la belle fille ; mais, quelques jours après, le roi le fit venir et lui dit :

— Ce n'est pas assez d'avoir été chercher la plus belle fille du monde, il faut que tu me rapportes ses clés d'or, ou tu seras brûlé dans trente-six fagots.

Le jeune garçon appela encore son petit cheval blanc :

— Qu'as-tu aujourd'hui, mon ami ? lui demanda-t-il.

— Le roi m'a ordonné d'aller chercher les clés d'or de la belle fille, et il m'a dit que si je ne les retrouvais pas, il me ferait brûler dans trente-six fagots.

— Tout cela n'est pas bien difficile, répondit le cheval blanc : les clés d'or sont dans la mer ; tu vas prendre un morceau de pain et le mettre sur un rocher. Il viendra un petit poisson pour le manger, et tu le prieras de t'apporter les clés.

Le jeune garçon prit un morceau de pain et alla le placer sur un rocher de la mer ; il vit aussitôt apparaître un petit poisson rouge qui lui dit :

— Donne-moi ton morceau de pain, et je te rendrai service si tu as besoin de moi.

— Ah ! poisson, répondit le petit gars, tu peux me sauver la vie : va chercher les clés d'or que la plus belle fille du monde a jetées dans la mer ; si je ne les apporte pas, le roi veut me brûler dans trente-six fagots.

Le petit poisson rouge plongea dans la mer, et ne tarda pas à rapporter les clés d'or.

Quand le roi les eut, il dit à son domestique :

— Ce n'est pas le tout que d'avoir les clés d'or, il faut encore que tu ailles chercher la bague d'or que la belle fille a perdue dans la forêt ; si tu ne l'apportes pas, tu seras brûlé dans trente-six fagots.

Le petit garçon appela le cheval blanc à son secours, et lui raconta ce que le roi exigeait encore :

— Monte sur mon dos, et n'aie pas peur, lui dit le cheval blanc.

Il alla dans la forêt qui était pleine de bêtes de toutes sortes ; mais le cheval blanc les étrangla toutes, et il trouva la bague d'or dans le ventre d'un loup.

Le petit gars la rapporta au roi ; mais le loup en l'avalant lui avait donné un coup de dent, et elle était un peu écornée. Le roi lui dit :

— La bague est écornée : si d'ici trois jours tu ne peux la raccommoder si bien qu'on ne s'aperçoive pas de l'endroit où elle a été éraillée, je te ferai brûler dans trente-six fagots.

Le petit gars appela son cheval blanc, et lui dit en pleurant :

— Je suis perdu cette fois, le roi m'a dit qu'il me brûlera dans trente-six fagots si je ne pouvais faire disparaître la trace de sa cassure.

— Monte sur mon dos, lui dit le cheval blanc ; voici une petite bouteille, je vais entrer dans le cimetière et faire le tour du Celvaire jusqu'à ce qu'elle soit remplie des gouttes d'eau du bon Dieu.

Quand la bouteille eut été remplie des gouttes d'eau du bon Dieu, le cheval blanc dit au petit gars :

— Tu te mettras une goutte d'eau sur la langue, et le feu ne te fera aucun mal.

Au bout de trois jours la bague n'était pas raccommodée : le roi fit mettre trente-six fagots dans la cour du château, et on attacha le petit garçon au milieu ; mais les trente-six fagots brûlèrent sans lui faire aucun mal. Les domestiques allèrent chercher d'autres fagots, et ils en brûlèrent trente-six *mâts* sans pouvoir parvenir à faire mal au petit garçon.

Ils allèrent prévenir le roi qui arriva et lui dit :

— Pourquoi les flammes ne t'ont-elles point fait de mal ?

— Croyez-vous que je vais me laisser brûler quand j'ai un moyen sûr d'empêcher le feu d'avoir prise sur moi ?

— Comment as-tu fait ?

— C'est avec de l'eau qui a pouvoir sur le feu.

— Va m'en chercher, je veux essayer.

Il appela son cheval blanc et monta sur son dos ; mais, au lieu de remplir sa bouteille avec l'eau du bon Dieu, il la remplit d'eau de mer.

Le roi fit faire un bûcher de trente-six fagots et se mit au milieu. Le jeune garçon et le petit cheval blanc soufflaient le feu : le roi, malgré sa bouteille, fut grillé.

Le petit garçon épousa la plus belle fille du monde et il fut heureux, et le petit cheval blanc eut de l'avoine pour le restant de ses jours.

(*Conté en 1880 par Auguste Macé, mousse, âgé de 14 ans.*)

II

LE DIABLE ET SES HOTES

I

MADEMOISELLE LA NOIRE

Il y avait une fois un quartier-maître qui était fort à son aise : il n'avait qu'un fils, et quand il fut obligé de s'embarquer pour le service, il lui dit : — Je te laisse le maître à la maison, fais bien attention à ne pas dépenser mal à propos l'argent que j'ai eu tant de peine à gagner.

Le fils du quartier-maître promit à son père d'être ménager, et il tint d'abord sa parole ; mais un jour qu'il s'ennuyait, il rencontra un homme qui lui proposa de faire une partie de cartes. Ils jouèrent d'abord de petites sommes que le jeune homme gagna, puis ils s'échauffèrent, firent des enjeux plus gros, et comme la chance avait tourné, il perdit tout l'argent de son père, et fut réduit à demander la charité pour vivre.

Un jour il rencontra un monsieur qui lui dit :

— Qu'as-tu à être triste ?

— J'ai joué aux cartes et j'ai perdu : toute la fortune de mon père y a passé, et il me grondera bien fort quand il sera de retour

— Si tu veux, dit le monsieur, venir avec moi pour un an et un jour, je vais te la rendre.

— J'y consens, répondit le jeune homme.

— Eh bien, dit l'homme en lui remettant une bourse bien garnie, dans un an et un jour, tu viendras me chercher à la Montagne verte.

*
* *

Quand le quartier-maître fut de retour, il trouva sa fortune intacte, et il dit à son fils :

— Tu t'es bien conduit, et tu n'as guère dépensé.

— C'est, répondit le fils, que j'avais du chagrin de ne plus te voir. Mais j'ai promis à un monsieur d'aller passer avec lui un an et un jour.

— Vas y, puisque tu as promis, répondit son père.

Le jeune homme se mit en route : le voilà parti loin, bien loin. Quand il eut beaucoup marché, il rencontra une vieille bonne femme et lui dit :

— Savez-vous, où est la Montagne verte ?

— Oui, répondit la vieille, c'est sur elle qu'est la maison de Tribe-le-Diable et elle est à six cents lieues d'ici.

Il marcha encore, et, après plusieurs jours de route, il fit encore la rencontre d'une vieille femme, à laquelle il demanda s'il était éloigné de la maison de Tribe-le-Diable.

— Elle est à quatre cents lieues d'ici, répondit la vieille.

A force de marcher, le jeune garçon fit beaucoup de chemin, et arriva à la maison du diable qui lui dit :

— Te voilà, mon garçon : si tu accomplis les trois épreuves que je vais te donner, tu auras une de mes filles en mariage; mais si tu n'en viens pas à bout, tu seras tué.

— Quels sont ces travaux ? demanda le jeune homme.

Tribe-le-Diable mit un coq dans le haut d'un arbre :

— Voilà, dit-il, un coq qu'il faut que tu attrappes sans te servir de gaule, ni de fusil, et sans grimper après l'arbre, mais tu pourras te servir de l'échelle qui est posée à terre.

Le jeune garçon était bien embarrassé, car l'échelle était toute petite et n'arrivait pas au tiers de la hauteur, et il se mit à réfléchir sans pouvoir découvrir le moyen de venir à bout de cette entreprise difficile. Une des filles du diable, qui se nommait la Noire, vint le voir, et lui dit :

— Quelle est l'épreuve que mon père vous a imposée ?

— Il m'a ordonné de prendre le coq qui est dans le haut de cet arbre, sans monter à l'arbre, et sans me servir de fusil.

— Tu vas, dit la Noire, me tirer tous mes os, et les mettre les uns sur les autres ; ainsi tu arriveras au haut et avec un bâton tu frapperas le coq ; il faudra que tu aies bien soin de ramasser ensuite tous mes os.

Le jeune homme fit ce que la demoiselle lui avait ordonné, et il attrapa le coq, mais oublia de ramasser un des doigts de pied qui fut perdu.

— C'est bien, lui dit Tribe-le-Diable, tu as encore deux autres choses à faire : pour commencer tu vas planter une épingle dans le tronc d'un chêne, et tu seras à plus de trente pas de l'arbre.

Voilà le garçon bien embarrassé. La Noire vint encore à son secours :

— Je vais, dit-elle, te donner un pistolet ; tu feras entrer l'épingle dans un de mes os, tu mettras l'os dans le pistolet, et en tirant tu atteindras l'arbre.

— Maintenant, lui dit le diable quand il vit l'épingle piquée dans l'arbre, il faut que tu attrapes un louis d'or qui est dans le haut d'un chêne, et quand tu l'auras, tu t'envoleras.

La fille dit au fils du quartier-maître :

— Tu vas prendre mes os et les mettre bout à bout, et, quand tu auras pris le louis d'or, tu te tiendras sur mes os, et tu t'envoleras avec.

Lorsque la troisième épreuve eut été accomplie, la Noire dit au fils du quartier-maître :

— Rends-moi tous mes os, et fais bien attention à n'en perdre aucun.

Il les ramassa tous, mais il eut beau chercher, il ne put trouver le petit doigt de pied.

Le diable, voyant que les épreuves étaient accomplies, banda les
yeux au jeune homme et lui dit de choisir entre ses deux filles qui
étaient habillées pareillement et avaient la figure voilée. Le garçon
leur tâta les pieds, et il choisit celle à qui manquait un doigt.

*
* *

Cependant la Noire dit à son mari :

— Il nous faut partir ; car mon père et ma mère vont vouloir te
tuer parce que c'était ma sœur qu'ils voulaient te donner.

Ils se mirent en route, et la femme du diable alla à leur poursuite.
Quand la fille vit paraître de loin sa mère, elle dit :

— Que je sois changée en église, et toi en prêtre.

La femme du diable entra dans l'église, et dit :

— Vous n'auriez point vu passer par ici Mˡˡᵉ la Noire avec un
jeune homme ?

— Dominus vobiscum, répondit le prêtre.

La femme du diable retourna à son mari :

— Les as-tu vus ? demanda-t-il.

— Non, je n'ai rien vu qu'une église et un prêtre à l'autel.

— C'étaient eux, dit le diable ; retourne les chercher.

Cependant la Noire avait repris sa forme naturelle, son mari
aussi, et tout en fuyant elle lui disait :

— Regarde bien : ne vois-tu rien ?

— Si, j'aperçois une grosse fumée.

— C'est le diable ou sa femme ; je vais me changer en cane et
toi en canard, et nous allons barboter dans le ruisseau.

Quand la femme du diable arriva au ruisseau, elle dit :

— Vous n'avez pas vu par ici Mˡˡᵉ la Noire et son mari ?

— Quand ! quand ! quand ! répondirent les canards.

La femme retourna à son mari, et lui dit :

— Je n'ai encore rien vu, qu'un canard et une cane.

— C'étaient eux, dit le diable ; retourne à leur poursuite.

La Noire et son mari avaient repris leur première forme ; elle dit
à son mari tout en fuyant :

— Regarde bien ; que vois-tu ?

— Un nuage de poussière.

— Eh bien ! je vais me changer en maison, et toi en maçon et tu vas me couvrir de mortier.

— Maçon, n'avez-vous point vu Mlle la Noire et son mari ?

— Donnez-moi du mortier, répondit le maçon.

— Les avez-vous vus ?

— Je suis à travailler ; au lieu de me parler, donnez-moi du mortier.

Elle revint trouver le diable et lui dit :

— Je n'ai rien vu qu'une maison en construction, et un maçon qui demandait du mortier.

— C'étaient eux, dit le diable ; retourne et tâche d'être plus fine.

— Regarde bien, disait la Noire à son mari en fuyant ; ne vois-tu rien ?

— Si, je vois une grosse poussière.

— Je vais me changer en poule et toi en coq.

— N'avez-vous point vu Mlle la Noire et son mari ? leur demanda la femme du diable ?

— Cocolico ! répondit le coq.

La femme retourna et dit à son mari :

— Je n'ai rien vu, qu'une poule et un coq.

— C'étaient eux, dit le diable ; es-tu sotte ! retourne bien vite.

Elle courut, et la Noire et son mari fuyaient :

— Regarde bien, continua la Noire, ne vois-tu rien venir ?

— Si, je vois un gros tourbillon.

— Je vais me changer en ourse et toi en lion, dit-elle.

Quand la femme du diable arriva, elle dit :

— Vous n'avez point vu Mlle la Noire et son mari ?

— Dans mon ventre, s'écria l'ourse ; elle et le lion se jetèrent sur la femme du diable et la dévorèrent, et je pense qu'ils se sont sauvés.

(Conté en 1880 par François Marquer, de Saint-Cast, mousse âgé de 14 ans.)

II

LA FILLE DU DIABLE

Il était une fois un garçon qui allait voir les filles ; un jour il rencontra sur sa route un crapaud qui lui barrait le passage et qui ne se dérangeait pas ; il entra dans le champ et vit devant lui une châsse (bière) ; il se détourna encore, et sur le nouveau sentier qu'il prit se montra un corps mort qui se tournait toujours devant lui quand il voulait marcher. Il revint sur ses pas et raconta à sa mère ce qu'il avait vu ; elle lui conseilla d'aller à confesse ; le prêtre lui dit :

— Tu as bien fait de ne pas essayer de passer ; car tu serais mort.

Malgré que le garçon eût eu grand peur, il retourna voir les filles ; dès qu'il fût sorti de chez lui, le crapaud s'élança sur ses pas et il le suivait toujours ; au bout de quelque temps il se transforma en chien, puis le chien devint un singe et le singe un homme qui se mit à marcher auprès de lui et lui dit :

— Pourquoi vas-tu voir les filles dans cette maison ? Il ne faut pas y retourner ; viens plutôt avec moi faire une partie de cartes.

Le garçon suivit l'homme et ils jouèrent ensemble ; mais l'homme, qui était le diable gagnait toujours, et il finit par lui enlever tout ce qu'il possédait, et même une somme si forte que jamais le garçon n'aurait pu la payer.

Comme il se désolait, le diable lui dit :

— Je ne te demande rien, et si dans trois mois tu veux venir me voir, je te donnerai autant d'argent que tu pourras en emporter.

Au bout de trois mois le garçon alla à l'endroit que le diable lui avait indiqué.

— Vous voilà, dit le diable, je vois que vous êtes de parole ; mais avant d'emporter l'argent et de sortir d'ici, il vous faut éteindre le feu de ce brasier avec cette baguette.

Il laissa auprès du brasier le pauvre garçon qui se désolait.

La fille du diable vint le voir et lui dit :

— Pourquoi restez-vous là à rien faire ?

— C'est, répondit-il, que je ne sais comment m'y prendre pour éteindre ce brasier avec cette gaule.

— Ah ! malheureux, lui dit-elle ; si vous ne le faites pas, mon père va vous tuer. Mais je vais vous aider ; vous allez me saigner, vous creuserez le bout de votre baguette et avec mon sang que vous mettrez dedans vous éteindrez le feu.

Il creusa le bout de sa gaule, saigna la fille du diable, et avec son sang il éteignit le brasier, puis il mit le bout de sa gaule à boucher le trou de la saignée.

Il alla chez le diable lui dire que son ouvrage était fait.

— Tu as encore, lui répondit le diable, deux épreuves à subir ; si tu en viens à bout, je te donnerai une de mes filles. Maintenant il faut que tu épuises toute l'eau de ce grand étang sans te servir d'aucun vase.

Le diable laissa sur le bord de l'étang le jeune garçon qui se dépitait encore plus que la première fois. La fille du diable vint le voir et lui :

— Ah ! malheureux, vous restez là sans rien faire ! Si votre tâche n'est pas accomplie, mon père vous tuera. Mais je vais vous aider. Tuez le premier cochon que vous rencontrez, enlevez-lui la vessie, et mettez-la dans l'étang ; toute l'eau qui s'y trouve y viendra, et en peu de temps il sera à sec.

Le garçon fit ce qui lui était recommandé, et, sa besogne finie, il vint trouver le diable qui, voyant l'étang à sec, lui dit :

— Tu es sorcier, mais voici la troisième épreuve qui est plus difficile que les autres. Voici des haches ; tu vas abattre tous les arbres de la forêt et construire un navire.

Le garçon alla à la forêt, mais les haches étaient en verre, et elles se brisaient au premier coup ; il vint en demander d'autres au diable qui lui donna de nouvelles haches en lui disant :

— Si tu ne construis pas le navire, ta mort est au bout.

Il cassa encore ces haches, et il s'assit sur une bûche de bois, bien désolé. La fille du diable vint le voir et lui dit :

— Ah ! malheureux, vous ne faites rien ; mon père vous tuera ;

mais je vais encore vous aider. Coupez les cinq doigts de ma main, et mettez-les dans la terre ; alors tous les arbres tomberont par terre et vous direz : « Je demande qu'il me vienne ici un beau navire. » Mais vous aurez soin de bien ramasser tous mes os et de n'en perdre aucun.

Le garçon fit ce que lui avait recommandé la fille du diable, il eut un beau navire ; mais en retirant les os de la terre, il égara le bout du petit doigt, et la fille eut un des doigts plus court.

Quand il eut accompli les trois épreuves, le diable lui donna à choisir entre ses trois filles qui étaient toutes les trois pareilles et habillées de même. Il reconnut celle qui l'avait aidé à la phalange qui lui manquait au doigt et il se maria avec elle.

Sa femme lui dit :

— Tu n'es pas au bout de tes peines ; maintenant il faut fuir ; car mon père va vouloir te tuer.

Ils se mirent en route et le diable monta sur sa jument pour les attraper ; quand sa fille le vit, elle se changea en rivière et la jument du diable ne put la franchir. Il la ramena à l'écurie, et revint avec un navire qui marchait sur terre comme sur mer. Sa fille, qui avait continué à fuir, se changea en une montagne haute et escarpée, et le diable, qui ne pouvait passer par dessus, s'en alla en jurant comme un casseur d'assiettes.

Il alla chercher des anneaux d'or qui gravissaient d'eux-mêmes les montagnes ; mais sa fille, qui avait continué à fuir avec son mari, se changea en une légère couche de glace qui couvrait la rivière et elle mit son mari dessus. Le diable marcha sur la glace pour aller le prendre ; mais la glace cassa et il se noya.

Alors la fille du diable revint à sa première forme et elle alla vivre avec son mari, et s'ils ne sont pas morts ils vivent encore.

(Conté en 1881 par François Marquer, de Saint-Cast, mousse âgé de 13 ans.)

III

LA JUMENT BLANCHE

Il y avait une fois trois frères qui se promenaient; ils passèrent à côté d'une prairie où pâturait une jument blanche et ils se dirent :

— Si nous montions à cheval, cela nous divertirait.

Le premier sauta sur la jument, en disant :

— Cric-crac.

Et il la mit au galop. Bientôt il ne vit plus ses frères ; la jument s'arrêta à côté d'une fontaine et lui dit :

— Tu vas te tremper la tête et le front dans cette fontaine; tes cheveux seront en or, mais prends bien garde de toucher à la plume qui est dans la fontaine, ou tu es perdu.

Il se plongea la tête dans l'eau et la retira toute dorée, mais en se relevant, il effleura la plume ; il remonta sur la jument sans le lui dire, et comme elle voulait franchir un mur haut comme une maison, elle ne put sauter assez haut, et tomba en enfer.

— Je t'avais bien prévenu, lui dit-elle, de prendre garde à la plume.

Le diable les attrapa, et mit le garçon à faire la cuisine. Un jour, il lui dit :

— Je vais partir pour un mois, si tu ne fais pas ce que je vais t'ordonner, il n'y a que la mort pour toi. Voici une jument, chaque fois que tu donneras du grain d'avoine aux autres, tu la frapperas d'un coup de bâton.

Le premier jour le garçon exécuta les ordres du diable, et à chaque grain d'avoine qu'il mettait dans la mangeoire des chevaux, il prenait un bâton et frappait la jument. Elle disait doucement :

— Pas si fort, pas si fort.

— Tiens, s'écria-t-il, les juments parlent ici.

— Oui, dit-elle, et c'est pour ton bien ; si tu ne veux pas m'écouter, tu n'as plus que trois jours à vivre. Soigne-moi bien afin que j'aie de la force.

Quand il eut bien donné de l'avoine à la jument, elle lui dit :

— Prends le rasoir de ton maître, son couteau et son sabre et monte sur mon dos.

Il se mit en route ; au bout de quelque temps, elle lui dit :

— Je commence à te sentir lourd, ne vois-tu rien venir ?

— Si, répondit-il, je vois un tourbillon de poussière.

— C'est le diable qui nous poursuit monté sur son cheval noir, jette ton rasoir !

Dès que le rasoir eut touché la terre, derrière eux s'éleva une montagne de rasoirs. En essayant de la gravir, le cheval du diable s'écorcha les genoux, et il fut obligé d'aller en chercher un autre.

La jument blanche continua à fuir ; quelque temps après, elle dit :

— Je commence à te sentir lourd, ne vois-tu rien venir ?

— Si, il s'élève derrière nous une grande fumée.

— C'est le diable, jette le couteau !

A la place où il tomba s'éleva une montagne de couteaux, le cheval du diable se coupa les genoux, et il fut obligé d'aller en chercher un autre.

La jument blanche continua à marcher ; au bout de quelque temps, elle dit encore :

— Je commence à te sentir lourd, ne vois-tu rien venir ?

— Si, derrière nous se forme un tourbillon de feu.

— C'est le diable, jette ton sabre !

Le garçon jeta le sabre, et à la place où il tomba s'éleva une forêt de sabres que le cheval du diable ne put franchir ; il fut obligé d'aller en chercher un autre ; pendant ce temps la jument blanche faisait du chemin ; mais au moment où elle franchissait un ruisseau d'eau bénite, le diable l'attrapa par la queue : elle fit un effort et la queue resta dans la main du diable, mais elle tomba lourdement de l'autre côté du ruisseau.

*
* *

La jument blanche s'était cassé la jambe en tombant : elle dit à son cavalier :

— Laisse-moi ici, et va chez le roi où tu demanderas à garder les vaches.

— Non, je ne t'abandonnerai pas, répondit-il, et je te guérirai.

Il alla chercher de l'herbe pour sa jument, et, quand elle fut sur ses pieds, elle lui dit :

— Maintenant, va chez le roi te louer comme gardeur de vaches, et si tu veux rester un an et un jour sans parler, tu seras heureux ensuite toute ta vie ; mais tu pourras dire pendant ce temps deux mots « Corni-Cornon ». Quand tu auras besoin de quelque chose, tu n'auras qu'à m'appeler et je viendrai à ton secours.

Le jeune garçon se présenta chez le roi.

— Qui est là ? demanda-t-on.

— Corni-Cornon.

— Parlez : que voulez-vous ?

— Corni-Cornon.

Il fit signe qu'il voulait se louer pour garder les vaches.

— Il sera bon, dit le roi, pour arracher les herbes de mon jardin.

Un jour, il lui prit envie de se mettre à chanter, il appela sa jument blanche qui accourut aussitôt et lui dit :

— Que veux-tu ?

— La plus belle voix du monde, le plus beau cheval et la plus jolie épée avec des habits de seigneur.

Il se mit à se promener à cheval dans le jardin, en chantant d'une voix si douce que la fille du roi se mit à la fenêtre et l'aperçut.

— Ah ! papa, s'écria-t-elle, le beau prince !

Elle se hâta de descendre au jardin, et ne vit que Corni-Cornon qui arrachait des herbes dans une allée et s'amusait à tuer des loches (petites limaces). Elle rentra chez elle, croyant qu'elle avait rêvé.

Le second soir, il appela encore sa jument à son secours et lui demanda de beaux vêtements, un beau cheval et une belle voix, puis il vint encore se promener sous les fenêtres de la fille du roi ; elle qui le guettait descendit quatre à quatre dès qu'elle l'aperçut, mais, arrivée au jardin, elle ne voit que le jardinier muet qui tuait des loches.

— Où est le joli prince qui se promenait là tout à l'heure ? lui demanda-t-elle.

— Corni-Cornon.

— Si tu ne me dis pas ce qu'il est devenu, je te jette dans le puits.

— Corni-Cornon.

La princesse rentra chez elle, et se promit de bien veiller le lendemain. Corni-Cornon appela encore sa jument, et lui demanda de le rendre plus beau que les autres jours, et de lui donner un plus beau cheval. Quand la princesse le vit, elle sauta par la fenêtre et ne vit que Corni-Cornon (alors elle se douta que lui et le prince ne faisaient qu'un).

Les soirs d'après elle ne le vit plus se promener sur son cheval, et elle dit au roi :

— Papa, j'ai envie de me marier, il faut que tous les hommes du royaume passent par ma chambre, et celui auquel je donnerai ma boule sera mon mari.

Les princes et les seigneurs vinrent l'un après l'autre, et elle ne leur donna point sa boule, puis vinrent les marchands et les laboureurs, et même les valets de charrue, mais elle garda sa boule et elle dit :

— Tout le monde n'est pas venu : où est Corni-Cornon ?

On alla le chercher et la princesse lui donna sa boule. Ils se marièrent, et le roi, furieux d'avoir un pareil gendre, les envoya vivre dans un château isolé, mais sans rien leur donner pour manger. Corni-Cornon appela sa jument blanche, et sa femme et lui ne manquaient de rien.

* *
*

Le roi déclara la guerre à un de ses voisins, et dit que celui qui aurait gagné la victoire aurait sa couronne. Il fallait gagner trois batailles de suite.

Corni-Cornon fit comprendre par signes au roi qu'il voulait aller à la guerre, mais le roi lui fit donner un sabre de bois et un cheval qui n'avait que trois pattes, en lui disant :

— Tu peux partir huit jours avant les autres.

Quand Corni-Cornon vit le moment où le général et l'armée allaient passer, il monta à cheval et alla se poster près de la route dans un bourbier, et il halait sur la queue de son cheval comme pour le tirer de là, en répétant : Corni-Cornon. Le général et les soldats se mirent à rire, et quand ils eurent disparu, Corni-Cornon appela sa petite jument et lui demanda un beau costume de guerre, un cheval marchant comme le vent, et un sabre pour tuer tous les ennemis.

Il arriva sur le champ de bataille et tua tous les ennemis, excepté le roi auquel il demanda son pavillon, et il lui dit d'écrire sur sa poitrine un certificat où l'on disait qu'il avait gagné la victoire.

En revenant, il rencontra le général et son armée, et leur dit en montrant le pavillon :

— Allez à la bataille, si vous voulez, moi j'en viens et elle est gagnée.

— Ah ! beau prince, cédez-moi le pavillon, et je vous donnerai autant d'argent que vous voudrez.

— Si vous voulez l'avoir, il faut que vous me laissiez marquer sur vos fesses les clous de mes souliers.

— Je veux bien, dit le général.

Il eut le pavillon, et vint tout content le montrer au roi. Corni-Cornon revint trois jours après les autres et le roi se moquait de lui.

Quand arriva le jour de la seconde bataille, Corni-Cornon alla encore mettre son cheval dans un bourbier sur la route où l'armée devait passer, et il criait : Corni-Cornon, d'une voix lamentable qui faisait rire les soldats. Quand ils eurent disparu, il appela sa jument blanche et lui demanda un cheval qui marche comme le vent, un beau costume de guerre, et une épée pour tuer tous les ennemis. Il les détruisit en un instant, le roi demanda quartier, lui donna son pavillon, et écrivit sur sa poitrine qu'il avait gagné la bataille.

En revenant, il rencontra le général, et pour lui céder le pavillon de l'ennemi, il lui demanda son petit doigt de pied.

— Ah ! dit le général, ce sera gênant.

— Bah ! répondit Corni-Cornon, vous direz que vous l'avez perdu à la guerre.

Le général finit par consentir à se couper le doigt de pied, et il le remit à Corni-Cornon qui le ramassa dans son mouchoir.

Le jour de la troisième bataille, tout se passa comme les deux autres fois, et quand il revint victorieux avec le pavillon ennemi, le général lui demanda de le lui céder.

— Je veux bien, répondit Corni-Cornon, cette fois je ne vous demande que l'ongle de votre petit doigt.

Le général le lui donna volontiers, et il vint dire au roi qu'il avait encore gagné la victoire. Le roi déclara que le général avait mérité la couronne, et il donna un grand repas où il invita Corni-Cornon et sa femme.

Corni-Cornon appela la jument blanche et lui dit :

— Je désire que ma femme soit la mieux habillée de toutes celles qui assisteront au repas, et je veux aussi pour moi le plus bel habit.

Il eut tout ce qu'il désirait, et il y avait juste un an et un jour qu'il avait promis de ne pas parler.

Le Roi, en le voyant bien mis, et qui causait comme tout le monde, était bien content.

A la fin du repas, il dit :

— Si chacun disait sa petite histoire, cela nous divertirait.

Le général commença à raconter comment il avait battu l'ennemi, et avait gagné trois batailles.

— Ce n'est pas vrai, s'écria Corni-Cornon, c'est moi qui lui ai cédé les drapeaux : la preuve, c'est que voici son petit doigt de pied, voici son ongle ; il a les clous de mes souliers marqués sur les fesses, et le certificat du roi des ennemis est écrit sur ma poitrine.

— Que faut-il faire au général ? demanda le roi.

— Pas grand'chose ; seulement faire chauffer un four et le brûler dedans.

Ce qui fut fait ; le roi donna sa couronne à Corni-Cornon, et ils vécurent heureux, sa femme et lui.

(Conté en 1880 par Auguste Macé, de Saint-Cast, matelot, âgé de 18 ans.)

IV

LE PETIT GARÇON QUI SE VENDIT AU DIABLE

Il était une fois un petit garçon qui avait dépensé tout l'argent de son père à jouer aux cartes et à courir les cabarets : ses sœurs lui disaient qu'il fallait le lui rendre, mais comme il ne pouvait le faire, il se désolait. Il vit paraître devant lui un monsieur qui lui dit que si au bout d'un an et un jour il voulait venir chez lui, il lui donnerait tout l'argent qu'il avait perdu. Le petit garçon dit qu'il voulait bien, et ainsi il put rendre ce qu'il avait pris.

Quand le jour et l'an furent écoulés, il se mit en route pour aller trouver le monsieur, qui était le diable ; il rencontra sur son chemin un bonhomme qui paraissait avoir plus de mille ans ; il était si vieux, si vieux que sur son dos il avait de la mousse :

— Va plus loin, dit le bonhomme, et porte cette lettre à mon frère, il sera bien content.

Le petit garçon se mit en route, et il trouva un bonhomme plus vieux encore que le premier ; il avait sur le dos de la mousse longue comme le doigt ; il lui remit sa lettre, et quand le bonhomme l'eut parcourue, il lui donna une autre lettre en lui disant :

— Porte-la à mon frère, il sera bien content.

Le petit garçon se mit en route ; il alla loin, bien loin, et il rencontra un troisième bonhomme qui semblait encore plus âgé : il avait sur le dos plus d'un pied de mousse. Le bonhomme lui dit :

— Je sais où vous allez ; vous allez chez le diable ; mais il y a un moyen de vous tirer de ses griffes. Vous irez au bord de la rivière, et vous verrez trois jeunes filles qui viendront pour s'y baigner ; il y en a deux qui sont vêtues de rouge, et l'autre de vert ; celle-ci est la fille du diable. Quand elle sera déshabillée et à l'eau, vous lui prendrez ses vêtements, et vous ne les lui rendrez que si elle vous dit comment vous pourrez échapper aux pièges de son père.

Le jeune garçon remercia le vieillard, et quand il fut arrivé au bord de la rivière, il s'y cacha : il vit venir trois jeunes filles dont l'une était vêtue de vert et les autres habillées en rouge ; quand elles furent à se baigner dans la rivière, il enleva les vêtements verts, et lorsque la jeune fille sortit de l'eau, elle ne les retrouva plus. Elle aperçut le jeune garçon et lui dit :

— Rends-moi mes vêtements, c'est toi qui me les as pris.

— Non, répondit-il, je ne te les rendrai pas, à moins que tu me dises comment je pourrai ne pas être tué par ton père.

— C'est chez le diable que tu vas, lui dit-elle ; quand tu arriveras son château, il va t'offrir à manger, et te présenter des plats

en argent; si tu y manges tu es perdu. Il faudra que tu lui dises :
« Non, je ne veux pas d'argent, j'ai l'habitude de me servir de
porcelaine. »

Il rendit les vêtements à la fille du diable, et quand il arriva au
château, le diable lui présenta à manger sur des assiettes en argent :

— Non, dit-il, je n'ai pas l'habitude d'être ainsi servi ; donnez-
moi des assiettes de porcelaine.

Le diable, voyant qu'il ne pouvait le perdre de cette manière, lui
ordonna de creuser un puits profond, le menaçant de le tuer s'il
ne réussissait pas. A l'heure du repas, la fille du diable vint lui
apporter à manger dans des assiettes de porcelaine, mais il n'en
voulut pas :

— Comment, dit-il, aurai-je le cœur de manger puisque je vais
être tué ? car je ne pourrai jamais creuser ce puits.

— Tiens, lui répondit la fille, voici une baguette ; quand tu
auras quelque difficulté, tu diras : « Par la vertu de ma baguette,
que ceci soit fait, » et aussitôt ce que tu désireras sera accompli.

Le petit garçon essaya aussitôt la puissance de la baguette, et il
lui commanda de creuser le puits, ce qui fut fait à l'instant. Il alla
ensuite chercher le diable qui vint voir l'ouvrage et lui dit :

— Tiens, voici une hache, tu vas aller dans la forêt, et en
abattre tous les arbres.

Le petit garçon frappa un arbre avec sa hache, mais comme elle
était en verre, elle se brisa aussitôt ; alors il prit sa baguette et lui
dit :

— Par la vertu de ma baguette, que tous les arbres de cette forêt
soient abattus !

Aussitôt toute la besogne fut faite, et il alla chercher le diable
qui fut bien surpris et lui dit :

— Tu n'as guère été longtemps à abattre la forêt ; voici un
levier et une hache, il faut que tu démolisses ce château ou je te
tuerai.

Le levier et la hache étaient aussi en verre, et ils furent brisés en
un clin d'œil ; alors il eut recours à sa baguette et lui dit :

— Par la vertu de ma baguette, que ce château soit démoli,
Aussitôt le château fut détruit et les pierres roulèrent à terre.

— Par la vertu de ma baguette, dit-il, que le diable soit écorché tout vif et ne puisse rien sur moi.

Le diable fut aussitôt écorché, alors le petit garçon retourna chez son père ; il n'eut point de mal, et pourtant il s'était procure l'argent du diable.

(Conté en 1880 par François Marquer, de Saint-Cast, mousse, âgé de 13 ans.)

V

LE TAILLEUR ET LE DIABLE

Un tailleur avait perdu ses ciseaux et il en était bien chagrin ; il rencontra un Monsieur qui lui dit :

— Si vous voulez venir coudre chez moi, je vous en donnerai une bonne paire.

Le tailleur accepta, et il le mit à coudre dans sa cuisine où il y avait une bonne femme qui ribotait. Quand le Monsieur fut parti elle lui dit :

— Ah ! mon pauvre homme, vous êtes bien mal ici !

— Pourquoi ? demanda-t-il.

— Vous êtes chez le diable ; il y a deux cents ans que je ribote, et mon lait n'est pas encore riboté. Un jour je dis à ma servante de riboter. — Non, répondit-elle, c'est aujourd'hui la Toussaint. — Quand ce serait le diable, que je lui dis, je riboterai. Depuis que je suis morte, je ribote toujours ; mais ma baratte est pleine de sang... Quand le diable va venir et qu'il va vouloir vous payer, demandez-lui une vieille paire de culottes de velours et rien autre chose.

Le tailleur fit ce que la bonne femme lui avait dit ; le diable lui donna les culottes et lui dit :

— Chaque fois que vous fouillerez dans votre poche, il y aura une poignée d'argent ; si on veut vous le prendre, vous crierez trois fois — mais pas une de plus — à moi, mon bourgeois ! et j'accourrai à votre secours.

Le tailleur se mit à l'aise ; car il avait toujours dans sa poche une poignée d'argent ; un jour qu'il était dans une auberge, une femme lui dit que sûrement pour être devenu riche en si peu de temps, il fallait qu'il eût tué ou volé. Les gendarmes arrivèrent et l'arrêtèrent. Alors il cria :

— A moi, mon bourgeois !

A la troisième fois, le Monsieur parut et dit :

— Pourquoi arrêtez-vous cet homme ?

— C'est parce qu'il a volé.

— Non, dit-il, lâchez-le, c'est moi qui lui ai donné tout l'argent.

(Conté en 1881 par J.-M. Comault, du Gouray.)

VI

LE COUTURIER QUI ALLA COUDRE CHEZ LE DIABLE

Il était une fois à Landébia un bonhomme et une bonne femme dont le fils était couturier, et, pour gagner du pain à ses parents, il allait coudre partout où on le demandait. Il était nourri et payé dix sous par journée.

Un jour qu'il avait été coudre chez des gens de mauvaise vie, il rencontra le soir en s'en revenant un de ses camarades qui lui dit :

— Si j'étais à ta place, Jean, je n'irais jamais travailler à la maison d'où tu viens.

— Je vais partout, répondit le couturier ; j'irais chez le diable s'il me demandait et voulait me payer.

Le lendemain il alla coudre dans la même maison, et à l'endroit où il avait parlé la veille à son camarade, il rencontra un beau monsieur qui lui dit :

— Te voilà, Jean ; qu'est-ce que tu disais en passant par ici hier au soir ?

— Je disais, répondit le couturier, que si le diable voulait me donner de l'ouvrage, j'irais bien coudre chez lui.

— Eh bien ! lui dit le monsieur, c'est moi qui suis le diable ; veux-tu venir coudre chez moi ?

— Qu'avez-vous à faire?

— Des pantalons de toile pour mes ouvriers.

— Je reviendrai ici demain soir, dit Jean, et si vous y êtes, je vous rendrai réponse.

Quand il fut de retour à la maison, il raconta à ses parents ce qui lui était arrivé, et leur demanda s'ils voulaient bien qu'il allât coudre chez le diable.

— Fais comme tu voudras, lui répondirent-ils.

Le lendemain, Jean se rendit à l'endroit où il avait rencontré le monsieur ; celui-ci se montra aussitôt et demanda à Jean s'il était décidé à venir coudre chez lui.

— Oui, répondit-il, mais je ne sais pas où vous demeurez.

— Trouve-toi ici demain matin à six heures ; je viendrai t'y attendre et te mènerai chez moi.

Le lendemain, à l'heure dite, Jean rencontra le diable qui lui dit :

— Mets ton pied sur le mien et ta main dans la mienne, et nous allons partir.

Le couturier mit son pied sur celui du diable et sa main dans la sienne, et en un clin d'œil ils arrivèrent à la porte de l'enfer. Aussitôt Chat-Ber, le portier du diable, ouvrit la porte tout au grand en disant :

— Est-ce un homme que vous nous apportez ?

— Non, répondit le diable, c'est un couturier qui vient coudre ici.

Il fit déjeuner le couturier et l'installa à coudre au milieu d'une grande salle. Tout autour des murs Jean voyait de beaux messieurs qu'il avait jadis connus vivants et ils étaient assis dans de superbes fauteuils.

— Vous êtes bien ici, vous autres, leur dit-il ; vous avez de la chance, car vous êtes ici, comme sur terre, riches et heureux.

Un des messieurs lui répondit :

— On n'est pas aussi bien ici que tu le penses ; mets un petit morceau de toile sur le bord de mon fauteuil, et tu verras.

Jean posa un morceau sur le bras du fauteuil, mais, dès que la toile y eut touché, elle fut consumée comme si elle avait été jetée dans un brasier ardent.

— Vous avez chaud, vous autres, dit Jean en retournant s'asseoir au milieu de la salle ; m'est avis que vous vous passeriez bien de tant de chaleur.

A midi le diable vint chercher Jean pour dîner, et en sortant, il vit un homme qu'il avait connu sur terre, et qui était occupé à équarrir du bois avec des outils tout en fer :

— Tu as l'air d'avoir chaud, lui dit-il en passant.

Le charpentier se retourna aussitôt et reconnut Jean.

— Qui t'amène ici ? lui demanda-t-il.

— Je suis occupé chez le diable à coudre des pantalons pour ses ouvriers.

— Fais bien attention ce soir : le diable va vouloir te donner quarante ou cinquante francs pour ta journée ; ne lui demande que le prix que tu prends ailleurs, sans cela il te ferait revenir malgré toi et il finirait par te garder ici.

Le couturier pensa à ce que son ami lui disait, et quand le soir le diable lui demanda combien il voulait pour sa journée, il répondit :

— Dix sous.

— Rien que cela ? dit le diable ; demande-moi plutôt cinquante francs.

— Non, dit le couturier, ici comme ailleurs je ne prends que dix sous.

Le diable lui donna ses dix sous et lui dit :

— Reviendras-tu travailler ici ?

— Oui, je reviendrai lundi seulement, car demain j'ai à coudre un habit pour un petit garçon qui va faire sa première communion.

— Si tu veux, dit le diable, faire trois jambes à son pantalon, je te donnerai cent francs.

— Nenni, tout le monde se moquerait de moi, et je ne trouverais plus d'ouvrage.

— Veux-tu t'en aller ce soir ?

— Oui.

— Alors, mets ton pied sur le mien et ta main dans la mienne.

Dès que Jean eut mis son pied sur celui du diable et sa main dans la sienne, il se trouva à sa porte.

Le lendemain il fit l'habit pour le petit garçon, et le lundi, le mardi et le mercredi, il fut chez le diable ; mais au bout de ce temps il refusa d'y retourner.

(Conté en 1882 par Isidore Poulain de Saint-Cast.)

VII

LA DOMESTIQUE DU DIABLE

Il était une fois une femme qui avait deux filles. L'une, qui était jolie comme une Bonne Vierge, était bien aimée de sa mère qui la mettait à coucher, dans une belle chambre, sur un lit bien souple. Pour l'autre, qui était laide, elle l'envoyait passer la nuit dans une vieille cabane au bas du jardin, sur une botte de paille.

Un soir que cette pauvre fille s'en allait tristement à sa cabane, elle rencontra un beau monsieur qui lui dit :

— Bonsoir, mademoiselle, où allez-vous comme cela ?

— Je m'en vais me coucher dans la petite cabane que l'on voit là-bas.

— Oui, je sais que votre mère vous déteste comme les sept péchés capitaux, et que vous n'avez guère de bon temps avec elle. Venez avec moi, vous ne manquerez de rien et vous serez heureuse.

— Volontiers, monsieur, répondit la jeune fille. Et elle suivit le monsieur qui l'emmena dans son château.

Le lendemain, le monsieur — qui était le diable — lui dit :

— Dans ce château où vous êtes, il y a vingt chambres : je vous permets d'en visiter dix-neuf ; mais je vous défends d'aller dans la vingtième.

Il lui remit les vingt clés, puis il partit pour trois mois.

La jeune fille se mit à visiter les chambres, et quand elle fut arrivée à la vingtième, elle se dit : « Il faut que je la voie aussi. »

Elle l'ouvrit, et elle vit sa marraine qui était assise dans un beau fauteuil, mais avait l'air triste :

— N'est-ce pas toi, ma filleule? lui dit-elle.

— Oui, c'est moi.

— Qui t'a amenée ici ?

— C'est le monsieur à qui appartient le château, et je me trouve bien ici.

— Moi aussi, ma filleule, j'ai été heureuse pendant trois jours ici, mais maintenant cela a bien changé.

— Vous n'êtes pas malheureuse pourtant, ma marraine, et vous devez être à l'aise dans ce beau fauteuil.

— Pas autant que tu le crois ; mets le bout de ton doigt, tout doucement, sur mon fauteuil, et tu verras.

La jeune fille obéit ; mais elle se brûla comme si elle avait touché un fer rouge.

— Ah ! marraine, s'écria-t-elle, comme il fait chaud dans votre fauteuil !

— Tu seras bientôt aussi chaudement que moi, filleule, car tu as ouvert la vingtième chambre, malgré la défense de ton maître : c'est le diable, et, pour te punir, il te chauffera.

— N'y aurait-il pas moyen, ma marraine, de lui échapper ?

— Si, il y en a un. Il faut que tu partes de suite ; tu rencontreras des personnes qui te demanderont où tu vas ; tu répondras : Je vais à la noce de ma sœur.

— Merci, marraine ; adieu, je pars.

La voilà qui s'en va ; sur sa route, elle rencontra beaucoup de personnes qui lui demandèrent où elle allait ; à toutes elle répondit : « Je vais aux noces de ma sœur », et tous ces gens, qui étaient les domestiques du diable, la laissèrent passer.

Elle était déjà bien loin du château, et il y avait longtemps qu'elle n'avait rencontré personne, quand elle vit un homme qui venait à sa rencontre :

— Tant pis, dit-elle, s'il me demande où je vais, je ne mentirai plus, et je lui dirai d'où je viens et où je vais.

Quand il fut près d'elle, il lui dit :

— Où allez-vous, mademoiselle ?

— Chez mes parents.

— D'où venez-vous ?

— Du château du diable.

— Ah ! c'est justement vous que nous cherchons.

Il donna un coup de sifflet : au même instant, elle vit venir le monsieur qui l'avait emmenée, et qui lui dit :

— Malheureuse ! vous avez ouvert mon cabinet, malgré ma défense. Je vais vous mettre dans mon enfer !

Et il la livra à ses domestiques qui devaient la ramener au château. Sur la route, elle invoquait la bonne Vierge et tous les saints du Paradis, et les suppliait d'avoir pitié d'elle. Tout à coup, une flûte lui tomba dans la main, et elle entendit une petite voix qui lui dit : « Souffle dedans. » Elle souffla de toutes ses forces, et la flûte fit entendre un son qui fit dresser les cheveux sur la tête des diables ; en même temps il tomba sur eux une grosse pluie d'eau bénite. Ils s'empressèrent de laisser la jeune fille, et s'enfuirent en maudissant tous les saints.

La jeune fille continua sa route, et elle arriva chez ses parents, à moitié morte de peur. Mais, comme de laide elle était devenue belle, sa mère et sa sœur furent bien contentes de la revoir.

(Conté en 1884 par Marie Marquer de Saint-Cast, âgée de onze ans).

TABLE DES MATIÈRES

I

LES CHERCHEURS D'AVENTURES

II

LE DIABLE ET SES HOTES

Vannes. — Imprimerie LAFOLYE, 2, place des Lices.

Contraste insuffisant ou
différent, mauvaise qualité
d'impression

Under-contrast or different,
bad printing quality

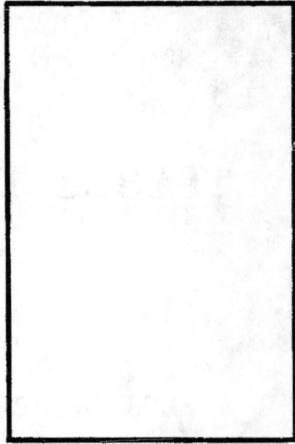

www.ingramcontent.com/pod-product-compliance
Lightning Source LLC
LaVergne TN
LVHW022155080426
835511LV00008B/1406